Peter Ohnesorg

Das Abgekehrte binden

Gedichte und Sprüche

Die Deutsche Bibliothek--CIP-Einheitsaufnahme

Ohnesorg, Peter
Das Abgekehrte binden: Gedichte und Sprüche/Peter Ohnesorg.-
Herstellung und Verlag: Books on Demand GmbH, Norderstedt
ISBN 3-8334-3618-2

Herstellung und Verlag:
Books on Demand GmbH, Norderstedt, 2005

Lektorat: Heinz Kattner

ISBN 3-8334-3618-2

I.

Gedächtnis im Irgendwo

EPITAPH

Aber was sagte sie, die den vergangenen Tagen
ihre Hand leiht: den verkrüppelten Bildern
breit
hingelagert den Blättern des Schnees ?

Hat sie jemals dem Wind gehorcht
den fliehenden Stunden - nie wieder
ins Licht zu treten, um dem satten Grauen
den Star zu stechen?

Wer ist es,
der ihre matten Taten
zeichnet
klar
für den Tod?

ABSCHIED

Du hast die blaue Sonne
in den Fluß gesenkt
nun treiben meine Wolken steuerlos

Ihr Blütenstaub tropft fruchtlos nun
in deiner Tage Hof
in deinem Mund
jungt ein Satz Löwenzahn
Geh
dahin - wo meine Wolken blühen.

Der uns den Fluß verdarb
hat sich im Sterben lang gemacht
sein Kopf erscheint den Fischern
wenn sie nachts die Ufer fangen
laß sein
das angekaufte Reden
Mir läuft ein Füllen aus dem Schoß.

RUTH

Auf brachem Feld
in brachen Stunden
bin ich eine Handvoll Ähren
deine Traurigkeit bin ich
die deine Stirn wiegt
bettet durch die Tageszeiten.

APOKALYPSE

Wo Aas ist
sammeln sich die Geier
wo ein Mensch ist fließt Blut
durch die Adern

Wer den matten Zweig gesehen hat
weiß vom Herbst
und vom trockenen Rascheln des Todes

Ich sah eine Perle
die wuchs auf einem Ast
wurde zu einem Vogel und rief:
ich komme

Der gestrige Tag war blau
torkelte durch die Büsche
und spie seinen Stundenrotz auf mein Bett

Ich bin
der die Geier zählt
der Torkler
durch die Tagesbüsche.

WARTEN

Wer hat die Uhren in den Wald gepflanzt
und rankt sie bäumelang ins Ungewisse
und jeder Ton
und jeder Schlag
trifft Becken voller Müdigkeiten?

Etwas hat das Hirn verdreht
und redet mit den Füßen
uns ist ein Pendel in die Brust geschlagen
Mund und Hand zerlegen sich im Wind
das Spiel ist mit den Beinen eingeschlafen.

Was uns den Atem nahm
vergeht sich stündlich am Geäst
man hört es
und die Zeiten wechseln

du bist dann blätterschwer
und legst dich wurzelnah den Stämmen:
so weinst du nachts und wiegst die Zeit.

RAHEL

In deinen Augen
wächst schwarzer Mohn
der brennt
seit vielen Jahren.

In deinen Augen
pocht dunkles Blut
das pokert
um jede Träne.

In deinen Augen
lächelt nur der Tod
und streicht
die Angst fort.

In deinen Augen
blühen Lieder
sie regnen
täglich leiser.

In deinen Augen
bin ich gewesen
bin nun selbst
schwarzer Mohn und Tod
mit stummen Liedern
in meinen Augen
bist du nun
und pokerst um mein Blut.

ASASEL

Den getrockneten Seen
den stehenden Flüssen
in Vergangenheit gebettet
wüstenöde über Quellen gelegen - -
den verstummten Mündern nach
Bilder vom Flugsand verschüttet
Wasserruten in den Händen
Stümpfe, die aus dem Boden ragen
Morgen suchen wenn Nacht war
Verlorenes finden
das die Sonnenstrahlen hinter sich ließen
nachhinken
um die Mittagssonne zu töten.

BESINNUNG

Oberflächen und Fassaden
von denen man genug hat
wie von einem getragenen Anzug

Zurückkehren
wieder an den Brunnenrand gelangen
den Weg hinunter finden
mit dem wieder zur Kröte gewordenen
Prinzen
ein ernstes Wort reden.

HERBST

Als die alten Damen ins Haus kamen
begann dichter Regen
Tage lang
standen sie an den Fenstern
räumten die Landschaft auf
lehnten draußen an Wänden
knieten im Gang und flüsterten
Rätsel vieler Jahre

manchmal gaben sie die Hand
und lächelten
ließen die warmen Tropfen
auf die Tische fallen
füllten ihre Kammern
mit der Notdurft der Erinnerung
als die alten Damen ins Haus kamen
war Erntezeit.

ERSTE LIEBE

Es sind Schilfgräser
blaß und jung
die sich an der Sonne verbrennen.

Ihre Stengel
rufen nach Wind
und sengen fest an der Luft .

Selbst die buschigen Köpfe
verlieren ihren zarten Stolz
und neigen ihre dunkle Frucht.

BLAUER EMPFANG

Wir legen uns in die Buchstaben
Schilfrohr unserer Begegnung
sinken ins Blatt
blauer Dunst in der Luft
läßt uns schweben.

Ich ziehe dich in eine Barke
rudere mit dir durch Zeilen
die verschwimmen
Algen am Ufer
buchten uns auf.

FARN DEINER EINBILDUNG

Es wächst durch die Fenster
vom Wald her
wo sich der Hunger davongemacht hat
es wächst und umgreift die Wände
und füllt dich
begreift dich wortlos

während du am Fenster sitzt
wächst du durch die Eisblumen
und begreifst
nur ein Hunger bleibt dir
vom Wald her
erfüllt von der wortlosen Gebärde.

BESTIMMUNG

Sturmböen im Rücken
nordwestlich
von Jahrtausenden
Feuer und Tod
Jäger Sammler
Wege bahnen

Ein Zeitalter in den Händen
vor dem Blick der Schlange flüchten
oder bleiben den Knoten
lösen?

Vorn befriedete Ufer
milchige Sonne
zwischen erben und gründen
wachsen fallen auferstehen
eine Scholle ins Netz
getrieben.

INTERIM

Du bist erstarrt
wie eine Schnecke am Stein
festgesaugt
abzustoßen alles
was naht
Ebbe und Flut
unter dichtem Panzer
nichts hereinlassen
und
mit Behagen verfolgen
das Zermahlen der leuchtenden Steine
dass sie kleiner und
runder und
winzig werden
obwohl dir
Sonne und Wasser und Salz
 auch Feinde brachten
möchtest
einmalig
mächtig
Herrscherin der Gezeiten sein
nicht wahrnehmen:
der Einsiedlerkrebs lauert
vor deiner festgefügten
Behausung.

ROTKÄPPCHEN

Rotkäppchen hat sich
in den Wolf
verwandelt

die Worte sind gelernt
die Grammatik herrscht
über die Phantasie

der graue Rock
verdeckt die bunten Träume
im Korb sind die Messer gewetzt.

FORTGANG

Mein Holz liegt am Weg
gefällt geschält ausgesetzt
der Witterung

mein Tagwerk richtet sich
nach dem Bedarf
von Stuhl und Tisch auch Tür
oder Bett

nachts umfängt mich
ein grüner Sproß
so geht die Zeit

auch Schrank Regal
oder ein Kreuz
vielleicht

AHNEN

Die Toten treten ein
fragen nach dem Weg
den ich ging seither
ohne sie

ich sehe:
bekümmerte Gesichter
und höre Worte
die ungesagt blieben.

MORGEN

Man sagt dir
das ist nicht dein Traum
dein Traum sieht anders aus

Wenn du dann sagst
Aber
ist es schon zu spät
zum Nein.

SCHATTEN

Als er seinen Schatten wahrnahm
versuchte er
mit ihm zu leben

Als ihm sein Schatten
ständig vorgehalten wurde
vergaß er ihn

Nun ist er
nur noch der Schatten
seiner selbst.

TRAUERFALL

Man sagte mir
ich solle mich etwas hier
zur anderen Seite hinstellen
von da sähe sie schöner aus

Ich trank ein Glas Wein
sprach das Vater unser
dann gingen wir in die Kammer
klönten und aßen Berliner Ballen

Sie hatte sich immer so geschämt
für ihr Gebiß
nun war ihr Mund
ganz eingefallen.

GEDANKENSCHOSS

Dinge gezählt
Worte tot gerieben
Schaubilder gepflanzt
ins Hirn
das Ich
am überredeten Herzen
gemästet

und
den Kosmos
begrifflos zerflattern
sehen.

DUGI OTOK (Kroatien)

Am Meer gebettet
der Abendstern flackert

bewahrt
vor dem taumelnden Mond

Träume
am Rand der Klippen.

AUFGEDECKT

Unsichtbare Schatten sehen
die Toten spazieren führen und
ihre Spuren lesen im Staub der Erinnerung

In unseren Träumen wandern
wie in einer Lunge der Zeit
dem Tod entgegensingen -
Stimmen an der dünnen Wand
zwischen Leben und Tod.

ALLTAG

Die Sterne großflächig verteilt
vakuumverpackt am Firmament
ihre Energie berechnet
milde Beleuchtung der Nacht

Rasend kreiseln ohne
dass der Erde die Lufthülle
um die Ohren fliegt

Dabei

Stammbäume in den Boden treiben
Spargel stechen Kartoffeln pflanzen
unfallfrei zur Arbeit fahren

Möbel Kleider Auto pflegen
Freund und Feind im Auge haben
Nachbarn in die Grube legen.

URSACHE

Als Gott oder wer oder was
aus dem alles kommt
aus sich herauswürgte
wie einen Schwall die chaotisch
geordnete Suppe:
Alma Mater

und seitdem
manchmal
die Sonne bläht
dass ihre Winde
die Erde
beben lassen.

GEBURT

Die trübe Deckenlampe brachte wenig Licht
draußen wälzten bleiern Wolken sich
und kamen kaum voran

ein kühler feuchter Herbsttag kroch durch alle Ritzen
warmes Wasser in der Schüssel und
im Bett die Wehenschmerzen

ein erster Schrei gleich wieder eingefangen vom
müden zweifelvollen Blick
des Mutterglücks

die Bombennacht war erst noch zu erwarten
Wand für Wand zerbröselte schon jetzt
und alle Wetter laufen durch das Zimmer.

KINDERTRAUM

Als der Soldat
die Pistole auf sie richtete
zeigte sie auf ihn
das unerwünschte Kind

ihm aufgeladen
Schuld und Scham und Vorwurf
insgeheim

der sie nicht schützen konnte
will nicht länger Zeuge sein
dieser unerwünschten Lust.

Das Schreien holt ihn
nicht mehr ein
seine Stimme ist verstummt
fortgegangen
es dauert das Entsetzen

KÖRPERLICH

Denkgespinste überlagern
alle Poren
Köpfe ausgemurmelt

Aus den Sinnen
herausschneiden
das Wort die Schrift den Sinn

Gestapelte Bilder heraufholen
mit der Zunge hinausspülen
das Gehörte

Gedanken an die Hand nehmen
Wortwerdung
des Fleisches.

WORT UND ANTWORT

Inmitten von Niederschlägen
lärmender Bilder
Körper
die sich ineinander
bergen

das Schweigen Gottes
einholen

HORIZONTLOS

In den Raum gestellt
der Himmel entleert, unsichtbare
Flutungen

Gebete füttern schwarze Löcher mit
abgelegten Träumen
kommen nicht einmal
als Echo zurück

Die Tage verschwinden, bevor sie
vollzählig
und alles gesagt

Aus dem lottrigen Mund des
Nichts wächst
Lachen und Weinen.

DAHINGEGEBEN

Der Abend schläft
der Menschen Leib gebrochen
vergessen
zum Gedächtnis im
Irgendwo.

II.

Der Tod der alten Dame

I

Die alte Dame legte sich auf die Treppe
rüttelte an den Bohlen
rief nach der Uhr in der Diele und
rutschte stündlich eine Stufe
tiefer
ihre Knochen knackten
im Wiegentakt
irrgelichtet und aufgespart dies
Kalkgerüst
schlaff gezäumt im Treppenhaus
schlief sie traumbeladen ein neues Leben und
schlappte die Zeit an den Fersen
hinunter
Dann knackte die Uhr im Stundentakt
rief nach der Zeit in der Diele
irrte im Wiegenhaus
ließ die Bohlen die Alte rütteln
dass sie klappernde Kunde tat und
ihr hohler Atem das Haus verließ
da legte die Uhr sich auf die Treppe
und gierte zur alten Dame.

II

Die alte Dame warf sich im Bett herum
einmal vor Jahren
hatte sie geliebt
seitdem
liebte sie ihn
warf sich im Bett herum
bis ihr Körper zur Ruhe kam
und ihre Hände.

III

Grinsend erwachte sie
zog den Nachttopf heran
blickte in ihren Urin
und lachte
sie hatte ihr Spiegelbild entdeckt
dann schleuderte sie den Urin ans Fenster
drückte ihre Stirn an den Holzrahmen
und blickte hinaus –
so stand sie lange.

IV

Der Tod der alten Dame
brachte Umstände
einer musste sie waschen
das Totenhemd lag schon bereit
sie musste frisiert und leidliche in Form
gebracht werden
das Gebiß herausnehmen die Wäsche säubern
den Körper richten Augen zudrücken
ihre Händefalten den Sarg besorgen ...
und die vielen Formalitäten
Keiner fand sich bereit
so sammelten sie ihren Hausrat
zogen in ein anderes Haus
überließen die alte Dame sich selbst
und ihrer Bestattung.

III

Der brave Ludwig

LUDWIG STELLT SICH SEINEN LESERN VOR

Am Sonntag übe ich Handstand
singe Lieder zur Gitarre
koche mir Spaghetti Bolognese
und bekomme einen neuen Pickel am Bauch
werktags
arbeite ich in einer Bank.

WIE LUDWIG GEBOREN WURDE

Ich schrie schon im Mutterleib vor Wut
dass ich nicht fliegen könne
Nun klebte ich inmitten der Schenkel
und schluchzte
dann neigte ich den Kopf
sah seitwärts über die Felder
bewegte die Flügel und hob
mich geradewegs in die Luft.

LUDWIG BAUT SICH EINE KATHEDRALE

Ich habe mir gestern
eine gotische Kathedrale gebaut
ich rühre mit einem Löffel in den Wölbungen
lausche den Schwingungen
mein Zeigefinger liegt als andächtiger Lindwurm
im Mittelschiff und hebt die Augen
zum Aufgang der Sonne
zu Füßen der Säulen hocken meine Gedanken
hüpfen in die spitzen Winkel
und rufen nach Sinn.

LUDWIG BEREITET SEIN FRÜHSTÜCK

Ich habe meine Katze umgestülpt
und in die Pfanne geschlagen
ich hocke gespannt vor meiner Henne
und erwarte ein Ei
ein Papagei liegt im Ofen
bläst das Feuer an
und singt das Tedeum.
Hat erst die Henne das Ei herausgewürgt
hat erst die Katze schmackhafte Bräune
tanze ich
zelebriere ich den lustvollen Eiertanz
vom Tedeum begleitet.

LUDWIG ZIEHT SICH ZURÜCK UND BESCHÄFTIGT SICH

Ich hause in einer Höhle
hinter dem Schrank
und taste die Ritzen in den Bohlen ab
ich gluckse eine neue Philosophie
in den toten Winkel
und feile meine Schuhe blank
ich bin gegen Demokratie
ich bin für das neue Königtum
das aus den Stunden des Mittag
aus den Höhen des Lichts
den neuen Tag vollendet
ich liebe die Dämmerung
den anhaltenden Staub
in der Spalte von Schrank und Wand
horche an den Fugen nach neuen
Nachrichten
manchmal mache ich auch Dummheiten
kratze am Holz
scherze mit dem Tapetenmuster
und gröhle Alte Kameraden
dann dröhnt die Luft im Gelächter
zittert und vibriert
dass ich fast den Halt verliere.
Ansonsten gucke ich Dreiecke zur Decke
gluckse eine neue Philosophie
in den toten Winkel
und taste die Ritzen in den Bohlen ab
hinter dem Schrank:
ich hause in einer Höhle.

LUDWIG DÄMMERT UND DÖST

Ein grünes Tuch
die Luft aus Zink
ich gehe krumm im Regenwind
und glotze durch die Stunden
der Tag geht hin
das Licht vergilbt
mein Magen dreht sich im Gebälk
noch einmal um
und döst im Halbschlaf weiter.

Ein dünner Strich
die Wand aus Gips
ich biege mich im Halbkreis vor
auf holzgerahmten Beinen
das Wort nimmt ab
der Blick zerrinnt
mein Becken wölbt sich innerlich
zur halben Nacht
ich warte auf den Morgen.

LUDWIG GIBT EINEN EINBLICK IN SEIN INNENLEBEN

Mein Brustkorb ist eine Harfe
die das Blut fächert
mein Herz eine Spielhölle mit vielen Türen
im Bauch mausern sich die Maden
weiß und dick zu ganzen Haufen
sie spielen Räuber und Gendarm
die in den Darm rutschen
scheiden aus
sie schleichen in Galle und Leber
gute Verstecke für Räuber
nisten im Brustkorb
und rühren das Blut zu Sauerbrot
streichen damit die Türen des Herzens an
besetzen alle Ausgänge
die Maden beherrschen meinen Körper
ihr Hauptquartier ist der Bauch
sie lachen
und vermehren sich
weiß und dick
die Herren meiner Geweide.

LUDWIG BERICHTET VON EINEM TAGESLAUF

Morgen
Ich tauche ins Bewusstsein auf
rekele meine Glieder senkrecht
putze meine Ohren und
während ich mit einer Rasierklinge
gurgele
denke ich nach über den Wert
der Arbeit und falle in Ekstase.

Vormittag
Kämme gründlich meine Haare
über dem Schreibtisch
und zähle die abfallenden Schuppen
trinke einen Pernod
überprüfe meinen Schaffensdrang
und knacke mit einem Messer
drei fette Fliegen.

Mittag
Nutze jede Perspektive
um aus verschiedensten Winkeln
in jede Ecke meines Zimmers
zu spähen
und entdecke in der Kommode
etwas Essbares
beim Kauen von fünfzig Gramm Watte
fällt mir meine Jugend ein
ich muß rülpsen.

Nachmittag
Beende das Wiederkäuen des gestrigen Tages
und beschließe
einen Brief zu schreiben um einen Freund
zur Pflicht zu ermahnen
schreibe: vergiß es nicht – und
werde melancholisch.

Abend
Betrachte den Sonnenuntergang
mache einen Spaziergang
von links nach rechts und
von rechts nach links
durch mein Zimmer
lutsche eine Raupe und
lasse mir von ihr meinen Gaumen
kitzeln.

Nacht
Spritze mir dreihundert Kubikzentimeter Vitamine
in den Hintern
verlagere mich ins Bett
träume vom Sinn des Lebens
liege einer Schlange bei.

LUDWIG HAT EINE VORLIEBE FÜR MUSIK

Ich habe mir den Magen voll Musik gepumpt
besonders die Fugen haben es mir angetan
ich spüre mit Behagen
den Dux meinen Gaumen vibrieren
während ich den Comes noch kaue
Note für Note
ist sein Führer schon nahe des Zwölffingerdarms
mein Ehrgeiz ist das Meisterstück einer Tripelfuge
die Durchführung lässt meinen Körper ekstatisch schaukeln
und fördert meinen Schlaf
begleitet von zwei Stimmen
die sich nachfolgen
meinen Schlaf mit dem Magen voll Musik
meinen tiefen tiefen Fugenschlaf
in dem ich im Dreiklang furze.

LUDWIG SCHREIBT EINEN BRIEF

Ein Brief in der Nacht
den ganzen Dreck in
Gehirnerstarrung eingekrallt
ein Flug durch
enge Därme
der Kleister blüht
ein Mückenschwarm fährt
raschelnd durch die Adern
mir bleibt die Mitternacht
in der ich griene und
allen Dreck zur Ätzung
mir empfehle
es ist ein Brief
Gedärm der Nacht
der flüsternd durch die Breiten eilt
und hin und wieder
meinen Traum entstellt --
ein Hund mit schiefem Maul
ich seh hindurch und taste Wände
eingekreist

LUDWIG BEFASST SICH MIT DER WISSENSCHAFT

Ich klopfe standhaft den Busch zurecht
fingere zwischen den Zähnen des Professors
Wissenschaft quillt
eine hundsfötterische Wonne
die Wahrheit
offenbar
bequem im unteren Mittelstück seines Hinterteils
dort kann sie sich -
wenn der Mond rot ist
kann man sie sich räkeln hören -
warm über Wasser halten.

LUDWIG SPIELT RINGELREIHEN

Meine Großmutter hatte einen Klumpfuß
mein Großvater hatte ein hohles Kreuz
Bäume singen Ave-Maria und lassen sich vom Regen
                                        bepinkeln
der Himmel sinkt samt Wolken auf unser Dach
und schleicht mit unseren Altvorderen zum Festbanquett
einen Orden zu ergaunern
ist wieder gesellschaftsfähig
Vor tausend Jahren begann das Schinkenklopfen aber sie
sind nicht klug geworden halten weiterhin stramm ihren Arsch
unter die Klausur und Churchill betrachtet alles von oben
der große Krieger im Kreise der Heiligen
Orest neben ihm will sich totlachen darum der Donner
und deshalb die Erkerfenster im Kerzenschein das blöde All
                                        bewundernd
Augustin liest Griechisch wird bekehrt und liebt nun die Sünde
                                        nicht mehr
Nietzsche liebt sich selbst und beklettert sich angesichts seiner
                                        Werke
uralter Traum von Unsterblichkeit er blieb in der weichen
                                        Brust
großer Väter verfault in den Zahnlücken Verspäteter
radioaktiv die Luft
die Silberbestecke geputzt es gibt viel zu tun
Jahrhundert der Spaltung Jahrhundert gespalten
die Atome der Gehirne kreisen doppelt schnell um das Kalb
                                        der Kultur
wer was auf sich hält hat Gallensteine
meine Großmutter hatte einen Klumpfuß
mein Großvater hatte ein hohles Kreuz
wer sich dreimal bückt
ist Sieger.

LUDWIG ENTSPANNT SICH

Ich trinke Tinte
aus dem Becher
ich werde blau
und werfe den Strohhalm
zum anderen Abfall

Ich stelle den Bleistift
in den leeren Becher
und bläue Papier
mit dem Atem
das Testament ist echt

Ich kaue den zerschlagenen
Becher ganz klein
man wird im Müll
mich wiederfinden
und bleibe zwei Wochen dort.

LUDWIG GIBT SICH ZUFRIEDEN

Meine begrabenen Hoffnungen
meine versetzten Träume
drüben
auf der anderen Seite der Stadt
siehst du sie
sich einen guten Tag machen.

LUDWIG VERACHTET DIE ZIEGEN

Ich habe den Ziegen
beim Säugen zugesehen
ihre Euter sind ledern
ihre Augen unbeteiligt
das Zicklein nervös
Ich sah genau hin
und dachte:
Ihr Käse ist noch das Beste.

LUDWIG ERFREUT SICH SEINER REIFEN JUGEND

Meiner Seele habe ich die Zähne ausgeknackt
meinen Geist vergaß ich jüngst beim Älterwerden
meine Liebe rutschte aus Versehen ins Abort
nun steh ich da und sauge mir die Brust
als Menschersatz
in manchen Nächten wird mein Kopf ganz weich vom Liegen
ich bohre dann verträumt im stumpfen Brei
ich halte mir die Waden fest
damit sie sich entspannen
und kneife stündlich einmal mich ins Lustgebälk
der Schorf der blüht
der Eiter treibt faustdicke Blasen
ich staube meinen Samen fort
wie ein Greis in seinen Tagen.

LUDWIG REIMT SICH LIEDER ZUR GITARRE

1 *Aschermittwoch*

In einem Gang da steht ein Weib
mit Zähnen auf den Haaren
es rieselt stundenlang schon Kalk
herab an ihren Waden

In ihrem Herzen kläfft der Hund
vom letzten Karneval
um ihren Hals ganz still und stumm
schlingt sie den neuen Schal

In einem Fensterkreuz da hängt sie jetzt
lässt eine Träne fallen
macht sich ganz leise aus dem Dreck
zu aller Wohlgefallen.

2 Tante Frieda

Meine Tante deine Tante
nirgends fand sie je ein Bett
ganz für sich alleine
lag von Jugend an schon fett
auf dem alten Steine

Ach du liebe Tante Frieda
gerne schenkt ich dir ein Bett
doch für dein abgetragenes Skelett
eignet sich wohl nur ein Sofa

Meine Tante deine Tante
laß die Brüste Falten treiben
sauf dir einen an
schneide dich in dünne Scheiben
laß den alten Mann

Du hast dich in den Sarg gelegt
als sei es dein Zuhause
und einfach gehst du hin
du vielgeprüfte leidumflorte
geile Sängerin

Auf deinem Leichensteine
stehn zwei krumme Beine
die gucken in die Röhre.

3 Nikolaustag

Am Morgen sind die Schuhe voll
es ächzen alle Federn
die Betten hatten Übersoll
die Schuhe die sind ledern

Aus einem guckt ein Kinderkopf
und ruft nach seiner Mutter
ein Kindskopf taucht den armen Tropf
sofort den Schaft hinunter

Aus einem grinst ein Teddybär
hält sich den Bauch vor Lachen
plantscht übermütig durch das Meer
der abgestand'nen Sachen.

4 *Volkstrauertag*

Mein Onkel haßt die neuen Zeiten
er säuft sich einen an
das ziemt sich für den deutschen Mann
lässt ihn durch kalte Gräben reiten

Ab morgen hau ich in die Kerbe
schlag jeden Widersacher tot
ich sehe lebenslang nur rot
auf dass ich selig sterbe

Lieb Vaterland magst ruhig sein
Ich geh ja auch bald schlafen
bei all den süßen Schafen
denk nur noch an den dicken Rhein.

LUDWIG BETRACHTET SICH WOHLGEFÄLLIG

Ich bekomme schon Runzeln
meine Hände kneten die trüben Augen
meiner verblichenen Mutter
auf dem Rücken wächst mir ein melancholischer Affe
der kratzt sich den Hintern aus Verlegenheit
zwischen den Falten nistet Krätze
ich ächze
vor Lust.

LUDWIG MUNTERT SEINE FREUNDE AUF

Die Asche eurer Zigaretten ist so grau
wie eure radioaktiv verseuchten Ärsche
doch weint nicht
denn noch singt die Lerche

Geistert in die Hinterhöfe
leckt den Schweiß der Tage auf
reißt der Ruhe Beine aus
klatscht den Müll in alle Fenster
Auf zum großen Menschenfressen
Fegefeuer lodern an den Wänden
auf den Simsen tanzt das Blut

Frucht der Lust zerplatzt vor Übermut
im Wind.

LUDWIG GIBT SICH ALLMACHTSPHANTASIEN HIN

Ich bin der erste Präsident von Groß-Europa
mein Zepter ist Natürlichkeit
ich bin ein Glückspilz dem man gibt
was er schon hat
ich bin ein Vogel ohne Federn
mit Flügeln die den Blick verblöden
ich bin die Dummheit und das Mittelmaß
die Meinung die die Meinung bildet
ein zweckbestimmter Hosenscheißer

Ich bin der Präsident von Groß-Europa
ich sitze da und drücke meine Blase
dass nur gepresstes Leder übrigbleibt
den Geist laß ich in Scheiße tauchen
Kultur verdaue ich zu Schrot und Korn
Anstand ist die Kreatürlichkeit
die Länder kriegen feiste Bäuche
wer unempfindlich ist bekommt sein Recht
das Symphonieorchester wird ein Rülpsquartett.

LUDWIG GEHT AN DIE ÖFFENTLICHKEIT

Ich stehe auf einem Misthaufen
in der Mitte des Marktplatzes und
krähe täglich nachmittags um fünf Uhr
zum Tee.

LUDWIG KOMMT ZU TODE

Ludwig pflückte im Garten Birnen
und schlief ein
und fiel vom Baum
und brach sich das Genick
und war tot.
So geht's einem.

IV.

Das Schwinden der Sinne

Sprüche

*« Ich hatte im Traum ein Problem, » sagte sie, « ich wußte
nicht, wie ich es schaffen sollte, meine elektrische
Nähmaschine in die Straßenbahn zu kriegen, so, daß die
Straßenbahn nicht über das Kabel fährt. »*

Wer gut Orgel spielt, muß gut treten können.

Wem das Wasser bis zum Hals reicht, der hat noch Übersicht.

Manche Pastoren nehmen Gott in den Mund, als hätten sie ihn
gerade erfunden.

Was das ganze Volk glaubt, kann nicht die Wahrheit sein.

Eine Stimme hat man nicht, man bekommt sie.

Das Ohr: Ein Halter für Kopfhörer.

Das Leben grau, weil niemand Farbe bekennt.

Was braucht man mehr als sich selbst und Anhänger, die
einem ähnlich sehen.

Gott hat die Leiter zum himmlischen Dachboden
heraufgezogen.

Siegen macht Spaß. Solange es die eigene Mannschaft ist. Es
gibt auch religiöse Siege: Des christlichen Glaubens über den
jüdischen, zum Beispiel. Aber da wird es dann schon
unheimlich.

Es lebt sich ganz gut von der Arbeitsteilung Frömmigkeit und
Kapital.

Die nicht Ja oder Nein sagen können, bleiben bei den
Murrenden.

Als Luther oben auf der Wartburg die Bibel übersetzte, war
unten in den Städten der Teufel los.

Wer den Wolf an seinen Tisch lädt, darf sich nicht wundern,
wenn er gefressen wird.

Manche geben sich so wenig zu erkennen, dass sie selbst nicht
wissen, wer sie sind.

Was in uns abstirbt, was wir begraben, bringt das Notwendige
zur Geltung.

Wir werden ins Leben gerufen von den Opfern, die für uns
gebracht werden.
Manche allerdings opfern uns gleich mit.

Wir lassen Kriege für uns führen. Wir lassen andere das Kreuz
tragen. Wir trinken preiswert unseren Kaffee.

1 000 Jahre Thron und Altar: Pfau und Löwe und allzu oft
bloß Affe.

Niemand wird trauern müssen: die Verantwortlichen planen
die eigene Vernichtung mit ein.

Manche bauen sich in Nischen aus Worten eine Arche.

Die Menschen schaffen sich die Welt nach ihrem Bilde und
schlagen alles über den Leisten der Gauß'schen Normalkurve.

Noah schaukelt arglos und sicher, vielleicht auch schadenfroh
in seiner Arche über Ertrunkene und Ertrinkende hinweg.

Wege haben es immer eilig.

Das Zukünftige gehorcht uns nicht, auch wenn wir alles
hochrechnen.

Die Geschichte kennt keine geraden Wege, sondern nur Zickzackwege und Sprünge und an jeder Wegbiegung steht das Kreuz.

Wir können sinnvoll arbeiten, weil wir noch nicht beendet sind und doch schon angefangen haben.

Bunte Särge können auch nicht trösten.

Massenvernichtungswaffen sind eine Sache von wohlerzogenen Leuten und der Statistik.

Weil man den Käfig öffnet, kann der Vogel noch längst nicht fliegen.

Wer sich tief bückt, dessen Arsch ist höher als der Kopf.

Manche Pastoren reden im Gebet mit Gott wie zu einem Untergebenen.

Die moralisch Eifernden sind die härtesten Richter ihres ungelebten Lebens.

Manche fahren Auto, als hätten sie ein zweites Leben im Kofferraum.

Geradlinigkeit zerstört manche Brücke.

Sterne haben kein Gesicht.

Wer nichts verliert, ist ein schlechter Besitzer.

Ohne Liebe führt Handeln zu Machtergreifung.

Es sind noch die Herrschaften, manchmal schon wieder
Frauenschaften, Kindschaften allerdings seltener. Auch die
Genossenschaften hatten ihre Zeit in dieser Gesellenschaft.

Ein brauchbarer Mensch hat einen hohen Gebrauchswert.

Wer nur hockt, wird krumm und lahm.
Wer nur steht, kriegt ein blutleeres Gehirn.

Eingerollt wie im Mutterschoß auf angenehme Zeiten oder den
Gnadenstoß wartend.

Losgesagt von den Ratschlägen Gottes, der uns so lange in den
Ohren lag.

Der Raum ist erobert, die Zeit verloren.

Das Ende der Objektivität, also das Ende der Gleichgültigkeit.

Die sich aus allem heraushalten: Zyniker und Einfaltspinsel zugleich.

Statt Zeiträumen, das Hangeln von Ast zu Ast der Momente.

Er nahm das Wort und gab es nicht wieder her.

Inhalt